A linguagem

A linguagem
Sílvia Faustino de Assis Saes

FILOSOFIAS: O PRAZER DO PENSAR
Coleção dirigida por
Marilena Chaui e Juvenal Savian Filho

wmf **martinsfontes**
São Paulo 2013

*Copyright © 2013, Editora WMF Martins Fontes Ltda.,
São Paulo, para a presente edição.*

1ª edição 2013

Edição de texto
Juvenal Savian Filho
Acompanhamento editorial
Helena Guimarães Bittencourt
Revisões gráficas
Letícia Braun
Ana Maria de O. M. Barbosa
Edição de arte
Katia Harumi Terasaka
Produção gráfica
Geraldo Alves
Paginação
Moacir Katsumi Matsusaki

**Dados Internacionais de Catalogação na Publicação (CIP)
(Câmara Brasileira do Livro, SP, Brasil)**

Saes, Sílvia Faustino de Assis
  A linguagem / Sílvia Faustino de Assis Saes. – São Paulo :
Editora WMF Martins Fontes, 2013. – (Filosofias : o prazer do
pensar / dirigida por Marilena Chaui e Juvenal Savian Filho)

  ISBN 978-85-7827-679-9

  1. Linguagem 2. Linguagem – Filosofia 3. Wittgenstein,
Ludwig, 1889-1951 I. Chaui, Marilena. II. Savian Filho, Juvenal.
III. Título. IV. Série.

13-05101   CDD-149.94

Índices para catálogo sistemático:
1. Linguagem : Linguística : Filosofia   149.94

Todos os direitos desta edição reservados à
Editora WMF Martins Fontes Ltda.
*Rua Prof. Laerte Ramos de Carvalho, 133 01325.030 São Paulo SP Brasil
Tel. (11) 3293.8150 Fax (11) 3101.1042
e-mail: info@wmfmartinsfontes.com.br http://www.wmfmartinsfontes.com.br*

SUMÁRIO

Apresentação • 7
Introdução • 9

1 A atenção filosófica à linguagem no mundo antigo • 11
2 A linguagem e a arte de pensar na Modernidade: a lógica de Port-Royal • 31
3 A linguagem na Contemporaneidade: da figuração aos jogos de linguagem em Wittgenstein • 41
4 Conclusão • 56

Ouvindo os textos • 59
Exercitando a reflexão • 72
Dicas de viagem • 78
Leituras recomendadas • 81

APRESENTAÇÃO
Marilena Chaui e Juvenal Savian Filho

O exercício do pensamento é algo muito prazeroso, e é com essa convicção que convidamos você a viajar conosco pelas reflexões de cada um dos volumes da coleção *Filosofias: o prazer do pensar.*

Atualmente, fala-se sempre que os exercícios físicos dão muito prazer. Quando o corpo está bem treinado, ele não apenas se sente bem com os exercícios, mas tem necessidade de continuar a repeti-los sempre. Nossa experiência é a mesma com o pensamento: uma vez habituados a refletir, nossa mente tem prazer em exercitar-se e quer expandir-se sempre mais. E com a vantagem de que o pensamento não é apenas uma atividade mental, mas envolve também o corpo. É o ser humano inteiro que reflete e tem o prazer do pensamento!

Essa é a experiência que desejamos partilhar com nossos leitores. Cada um dos volumes desta coleção foi concebido para auxiliá-lo a exercitar o seu pensar. Os temas foram cuidadosamente selecionados para abordar os tópicos mais importantes da reflexão filosófica atual, sempre conectados com a história do pensamento.

Assim, a coleção destina-se tanto àqueles que desejam iniciar-se nos caminhos das diferentes filosofias como àqueles que já estão habituados a eles e querem continuar o exercício da reflexão. E falamos de "filosofias", no plural, pois não há apenas uma forma de pensamento. Pelo contrário, há um caleidoscópio de cores filosóficas muito diferentes e intensas.

Ao mesmo tempo, esses volumes são também um material rico para o uso de professores e estudantes de Filosofia, pois estão inteiramente de acordo com as orientações curriculares do Ministério da Educação para o Ensino Médio e com as expectativas dos cursos básicos de Filosofia para as faculdades brasileiras. Os autores são especialistas reconhecidos em suas áreas, criativos e perspicazes, inteiramente preparados para os objetivos dessa viagem pelo país multifacetado das filosofias.

Seja bem-vindo e boa viagem!

INTRODUÇÃO
Tudo é linguagem

"Tudo é linguagem", assim diríamos, imitando os pré-socráticos, numa época voltada para o sentido e o significado de tudo.

Não somente falas, escritas e gestos; nem somente teorias, teoremas, códigos e todas as espécies de sinais, mas também os objetos indicam, comunicam, representam, simbolizam, expressam, significam algo para nós. E, no entanto, "nada pega significado, em certas horas", como diz um célebre personagem de Guimarães Rosa, dando expressão ao sem sentido, ao *nonsense*, que, no fundo, nos desafia entre a falta de entendimento e o excesso de lucidez, ambos, em geral, acompanhados de uma grande dificuldade de expressão. Falamos do sentido da vida e do significado da morte. E nos entendemos. E nos desentendemos pela linguagem.

Seria possível uma forma de vida sem linguagem? Como seria o mundo se as pessoas não expressassem seus pensamentos, sentimentos, decisões, intenções etc.? Poderíamos nos comunicar apenas por meio de gestos? Quantos tipos de linguagem existem? Podemos falar de *uma única* linguagem? Qual a origem e a finalidade da linguagem? E como ela se relaciona com a mente e com o mundo?

Talvez em nenhum outro momento o interesse pela linguagem e pela natureza dos fenômenos linguísticos tenha sido tão vasto e tão intenso quanto em nossos dias. Entretanto, a concepção da linguagem como guardiã da racionalidade humana não é exclusiva de nossa época. Nas próximas páginas, você encontrará algumas das mais marcantes, curiosas e interessantes concepções filosóficas da linguagem. Você verá como em cada uma delas podemos reconhecer, de maneira singular e penetrante, os problemas que nos afetam.

1. A atenção filosófica à linguagem no mundo antigo

1.1. Por que e como os nomes são corretos?

Gostemos ou não dele, temos um nome que é o correto. E é assim também para tudo o mais que conhecemos: coisas, cidades, países, planetas, animais, tudo no mundo tem nome. O que faz com que os nomes sejam corretos?

O filósofo Platão (428/7-348/7 a.C.), no livro *Crátilo*, investiga as razões que permitem considerar os nomes como corretos, justos, adequados ou apropriados para indicar aquilo que nomeiam. Marcado pelo contexto histórico da polêmica abrangente que busca saber se a linguagem tem origem na Natureza (*phýsis*) das coisas ou se é estabelecida pelo costume, lei ou convenção (*nómos*) dos humanos, o diálogo platônico apresenta, de saída, duas concepções opostas acerca da nomeação: a "naturalista", defendida por Crátilo; e a "convencionalista", sustentada por Hermógenes.

Para Crátilo, os nomes são corretos na medida em que são dados em conformidade com a natureza das coisas que nomeiam. Hermógenes, ao contrário, afirma que a correção dos nomes depende apenas da convenção estabelecida por aqueles que o instituem e pelo costume ou hábito de chamar aquela coisa por aquele nome. Enquanto Crátilo acredita numa afinidade natural entre o nome e o nomeado, Hermógenes vê entre ambos uma relação tão arbitrária que, segundo ele, qualquer nome poderia, por princípio, ser atribuído a qualquer coisa. Convidado a participar do debate em curso, Sócrates procederá ao exame das posições, levantando dificuldades e apontando limites em relação a cada uma delas.

De acordo com a tese de Hermógenes (a primeira a ser examinada), os nomes são corretos por convenção ou acordo estabelecido entre os humanos. Para que um nome seja correto, basta que seja atribuído, aceito e utilizado como tal, e isso ocorre de maneira totalmente independente de uma suposta natureza da coisa nomeada. Os nomes mudam, e o último nome dado a uma coisa não é menos correto que o primeiro que lhe foi concedido. Os nomes podem, portanto, ser atribuídos às coisas por qualquer um, e a nomeação, livre de outra condição, depende somente do arbítrio de quem a realiza. Qual o problema dessa concepção? Segundo Sócrates, o problema está em que o critério de correção apresentado não justifica nem a verdade nem a falsidade dos nomes. De fato, já no início da discussão, ele tinha levado Hermógenes a concordar quanto à possibilidade de dizer nomes verdadeiros e nomes falsos. A verdade e a falsidade se vinculam aos nomes segundo o seguinte raciocínio: considera-se, primeiramente, que há um discurso verdadeiro (que diz como os seres são) e um discurso falso (que diz como os seres não são); em seguida, considera-se que os nomes são as menores partes dos discursos; por fim, conclui-se que são verdadeiros os nomes que integram discursos verdadeiros, e falsos os que compõem discursos falsos. No entanto, apesar de sugerida, essa tese de que a verdade ou falsidade dos nomes depende da verdade ou falsidade dos discursos em que aparecem não será explorada no *Crátilo*. E o caminho da argumentação da personagem Sócrates para convencer

Hermógenes de que as coisas podem ser verdadeiramente indicadas pelos nomes, assim como nomes podem ser falsamente atribuídos, seguirá outro rumo.

Diante de Hermógenes, Sócrates problematiza a visão de que qualquer um possa nomear as coisas ao seu bel-prazer, e de que qualquer palavra seja adequada a qualquer coisa. E passa a defender o seguinte: i) que as coisas têm por natureza uma essência estável, que não é relativa a nada nem depende de nós; ii) que o nome é um instrumento a serviço da instrução acerca da essência dos nomeados; iii) que, para ser correta, a ação de nomear deve estar em conformidade com a essência natural das coisas nomeadas. Demonstrando inteira confiança nessas premissas, Sócrates envereda pela consideração de uma "linguagem ideal", como dizia o estudioso francês Victor Goldschmidt. Nessa linguagem ideal, a confecção dos nomes poderia de fato cumprir a finalidade de instruir e de ensinar acerca da essência estável das coisas. Como nem todo homem seria capaz de realizar tamanho feito, Sócrates imagina um legislador (*nomóteta*), o mais raro entre os homens. Artesão capaz de executar com perfeição o ato de nomear, o legislador conseguiria imprimir, na própria matéria linguística do nome – nos sons e nas sílabas que o compõem – a forma ou natureza essencial da coisa nomeada.

Durante boa parte do diálogo, Sócrates assume a perspectiva dessa linguagem ideal e chega a investigar nomes de deuses, astros, heróis, noções morais etc., efetuando uma análise etimológica que busca chegar aos nomes primitivos, isto é, aqueles nomes que, não podendo ser reduzidos a outros, seriam elementares e estariam na base de todos os outros por eles compostos. O nome primitivo deveria ser como uma imitação (*mímesis*), pela voz, da essência da coisa, como se esta pudesse ser transportada pelos sons das letras e das sílabas. A verdadeira perfeição na fabricação de um nome seria atingida quando os constituintes sonoros fossem capazes de imitar aspectos da coisa real, como se cada letra ou sílaba correspondesse a uma propriedade ou qualidade dela. No entanto, Sócrates não chega a dar uma explicação completa dos nomes primitivos seguindo essa tão exigente, singular e insuficiente teoria. Adaptando os exemplos do diálogo, na prática, ela funcionaria assim: a letra "*r*", na medida em que provoca vibrações na língua ao ser pronunciada, seria apropriada à expressão de movimento em palavras como "correr" ou "corrida"; já o "*l*", em cuja pronúncia a língua desliza, seria adequado para imitar o que é liso, e assim por diante.

No entanto, assim que Hermógenes se mostra mais receptivo a essas colocações, Platão altera totalmente o curso da prosa, pondo Sócrates em diálogo com o personagem Crátilo e numa posição de crítica aos fundamentos da própria tese que vinha defendendo. Desse modo, Sócrates passa, então, a questionar as visões de Crátilo, sobretudo sua defesa de que todos os nomes são corretos, desde que sejam nomes, e que somente nomes corretos merecem esse título. É bastante curioso notar, neste ponto, o seguinte: embora sustentando visões opostas, Crátilo e Hermógenes não conseguem justificar um critério de correção para os nomes. Para Hermógenes, todos os nomes estão corretos, desde que convencionados como tal; para Crátilo também, pois só os nomes corretos podem ser nomes. Diante disso, Sócrates argumentará no sentido de mostrar que os nomes podem ser inadequadamente atribuídos, e também que, como imitações das coisas, eles jamais podem ser absolutamente perfeitos.

Sócrates, então, compara os nomes a pinturas, que são produzidas como imitações das coisas. Retém a ideia de que as pinturas são corretas quando atribuem às coisas o adequado ou o semelhante a elas, e incorretas quando lhes atribuem o inadequado e o dessemelhante. No caso dos nomes, declara Sócrates, diz-se da atribuição correta que é verdadeira, e da incorreta, que é falsa. Ou seja, os nomes podem ser verdadeiros ou falsos. Mas, além disso, Sócrates pretende convencer Crátilo de que mesmo os nomes corretos, na medida em que são imitações das coisas, possuem um limite, uma espécie de imperfeição intrínseca. E isso ele mostra ao explicitar a imitação (*mímesis*) como uma imagem (*eikón*).

A explicação do conceito de imitação pelo conceito de imagem permite que Sócrates realce a distinção entre nome e nomeado, por meio da distinção entre a imagem que imita a coisa e a própria coisa. Mas o objetivo agora é demonstrar que mesmo de uma imagem correta não se deve esperar uma reprodução perfeita. Sócrates faz a seguinte consideração: se um poderoso deus conseguisse imitar Crátilo, não apenas em sua forma e sua cor, mas também em seu interior, suavidade e calor, e conseguisse infundir também alma, movimento e inteligência, então não haveria um Crátilo e uma imagem de Crátilo, mas "dois Crátilos". Ora, o que isso quer dizer? Quer dizer que faz parte do próprio ser da imagem que ela contenha algum grau de imperfeição em relação ao ser da coisa de que ela é a imagem. Por essa razão, o critério de correção de uma imagem deve levar sempre em conta o grau de inferioridade do seu ser, necessariamente degradado, em relação ao original. Nessa medida, toda imagem pode subtrair ou acrescentar algo à coisa que imita sem que, por isso, deixe de ser imagem daquela coisa. Embora a contragosto, Crátilo é forçado a admitir que, na qualidade de imagens que procuram imitar as coisas pelos sons da voz, os nomes podem ser inexatos, inadequados e incorretos.

Sócrates, porém, quer convencer Crátilo acerca do aspecto convencional dos nomes. Então argumenta que, mesmo sem as letras adequadas para expressar as semelhanças com as coisas, os nomes as indicam; e diz que por trás desse fenômeno da indicação só pode estar o uso ou costume de serem chamadas daquele modo. Esse é um momento crucial do diálogo, pois nele Sócrates expressa sua posição diante do debate entre o naturalismo e o convencionalismo. Ele diz que lhe agrada a possibilidade de que os nomes sejam tanto quanto possível semelhantes às coisas, mas que, como o orientar-se pela semelhança é trabalhoso e difícil, torna-se necessário recorrer ao expediente artificial da convenção para que a correção dos nomes seja obtida.

O que dizer, então, do poder (*dýnamis*) dos nomes? Depois de admitir que convenções, usos e costumes também são critérios de correção dos nomes, e de ver afastada a garantia de uma afinidade natural intrínseca entre nomes e nomeados, Sócrates é levado a pôr em dúvida a virtude cognitiva deles. Segundo ele, quem se serve dos nomes como guia no conhecimento corre um grande risco de enganar-se. Após levar Crátilo a admitir que conhecer as coisas por si mesmas – "sem" os nomes – é a mais segura e confiável forma de conhecimento, ambos terminam por concordar que não é dos nomes das coisas que se deve partir para conhecê-las, mas delas mesmas.

1.2. O verdadeiro e o falso: o discurso sobre o ser

O livro *Sofista*, de Platão, fornece os fundamentos do paradigma clássico segundo o qual "verdadeiro" e "falso" são atributos exclusivos de proposições (frases), e não de nomes. A proposição é apresentada como unidade mínima do discurso racional sobre o ser, não se confundindo com mera sucessão de palavras. Nome e verbo são definidos como partes do discurso proposicional: nome é sinal que se aplica ao que realiza a ação; verbo é sinal que se aplica à ação. Nem nomes em sucessão, nem verbos enunciados à parte dos nomes constituem um discurso. Isoladamente, por exemplo, o nome "Teeteto" e o verbo "anda" não formam nenhum discurso, não dizem nada acerca de nada. Mas, na expressão em que se concatenam adequadamente, como em "Teeteto anda", enunciam um entrelaçamento (*symploké*) entre certo indivíduo e determinada ação. A proposição é, portanto, a enunciação de um entrelaçamento, é um dizer algo de algo, e esse é todo o seu sentido. Se o que ela diz corresponde a algo que é real, a proposição é verdadeira; se o que ela diz não corresponde ao real, ela é falsa. A proposição diz o que as coisas são ou não são e pode, por princípio, ser verdadeira ou falsa.

Na obra *Peri hermeneías* (mais conhecido pela tradução latina *De interpretatione*, título que em português poderia ser traduzido, com certa liberdade, por *A linguagem*, no sentido da atividade de emitir proposições ou construções linguísticas com sentido), Aristóteles (384-322 a.C.) reelabora, à sua maneira, os pressupostos gerais contidos no *Sofista* de Platão e define o âmbito do discurso apofântico (*lógos apophantikós*) como aquele ao qual cabe legitimamente dizer o verdadeiro e o falso. É o discurso enunciativo ou declarativo, formado por proposições que declaram ou enunciam o ser – dizem como as coisas são ou estão – e que podem ser avaliadas como verdadeiras ou falsas.

Aristóteles apresenta a primeira concepção lógica sistemática acerca da natureza e da estrutura da proposição. Reconhece o nome e o verbo como partes do discurso e vincula a necessária aptidão para o verdadeiro e para o falso ao caráter complexo e articulado da proposição. É fundamental entender que há o plano da enunciação e o plano das coisas indicadas pelos nomes e pelos verbos; conforme o exemplo antes mencionado, teríamos, no plano das coisas, o indivíduo Teeteto e a ação de andar. No plano da enunciação, pode-se enunciar indivíduo e ação como unidos ("Teeteto anda") ou separados ("Teeteto não anda"). O enunciado afirmativo é a escolha por enunciá-los unidos; o negativo, a escolha por enunciá-los separados. E no plano das coisas nomeadas, também só pode ocorrer uma das alternativas: ou elas são unidas (Teeteto *realmente* anda) ou separadas (Teeteto *realmente* não anda). Levando em conta todas as combinações, Aristóteles apresenta um quadro com quatro possibilidades. Segundo o capítulo 6 do *Peri hermeneías*, é possível: (1) enunciar como separadas coisas que são unidas; (2) enunciar como unidas coisas que são separadas; (3) enunciar como unidas coisas que são unidas; (4) enunciar como separadas coisas que são separadas. Isso se pode fazer do mesmo modo com referência ao passado, ao futuro e ao tempo presente. É importantíssimo notar que a proposição é considerada significativa independentemente do fato de ser verdadeira ou falsa, pois sua função descritiva é simplesmente enunciar uma possibilidade que pode ou não realizar-se.

Ao estabelecer essas possibilidades, no mesmo capítulo 6, Aristóteles imediatamente define a contradição como enunciação simultânea de uma afirmação e de uma negação que sejam opostas. É contraditório dizer que "A é B" *e* que "A não é B"; quem sustenta, ao mesmo tempo, ambas as enunciações, nada diz. A não contradição é lei do ser e princípio lógico fundamental. Segundo Aristóteles, é impossível que um mesmo atributo ao mesmo tempo pertença e não pertença à mesma coisa sob o mesmo aspecto, do mesmo modo que é impossível acreditar que uma mesma coisa possa, ao mesmo tempo, ser e não ser. Essa lei do ser se reflete no princípio lógico de que duas proposições contraditórias não podem ser verdadeiras ao mesmo tempo. O princípio lógico se fundamenta no princípio ontológico e, ao apresentá-lo, Aristóteles consolida o ensinamento de que todo o discurso racional sobre o ser necessariamente o pressupõe. Só podemos pensar e dizer o ser se não violarmos o princípio da não contradição, pois ele é a condição fundamental do ser e da linguagem que diz o ser.

1.3. Modos da argumentação: o demonstrativo, o dialético e o retórico

Por outro lado, com apenas uma proposição ou com proposições desconectadas entre si não há argumentos. Os argumentos são formados por proposições que se vinculam entre si por um tipo especial de ligação, em que certas coisas são ditas com base em outras, também ditas. O argumento é uma estrutura complexa, em que há, necessariamente, uma proposição que desempenha o papel de *conclusão*, e outras, chamadas de *premissas*, que cumprem a função de servir de apoio, de base, de sustentação ou evidência para o que diz a conclusão. O que vem expresso na conclusão deve ser visto como o ponto final do movimento argumentativo em que as premissas, como passos intermediários necessários, servem de justificação. Aristóteles chamou de "analítica" o que, desde Cícero, passou a se chamar de "lógica"; e chamou de "silogismo" um tipo específico de argumento, composto de duas premissas e uma conclusão. No célebre silogismo:

Todo homem é mortal.
Sócrates é homem.
Logo, Sócrates é mortal,

as duas primeiras proposições, que são as premissas, ligam os termos "mortal" e "Sócrates" ao termo "homem"; e com isso justificam a ligação do termo "Sócrates" ao termo "mortal", que é realizada na conclusão. A silogística aristotélica consiste no estudo sistemático dos silogismos.

A argumentação é uma prática importante na época clássica dos gregos, e constitui um ponto de partida fecundo para Aristóteles distinguir e elaborar conceitos referentes a modalidades específicas do discurso racional articulado. Entre os modos de argumentação tratados em seus escritos, mencionaremos, de maneira breve, o demonstrativo, o dialético e o retórico.

Na forma de argumentos demonstrativos, segundo Aristóteles, dever-se-ia apresentar-se a linguagem de toda ciência rigorosamente verdadeira. As premissas de uma demonstração devem ser verdadeiras, primitivas, imediatas, mais conhecidas, anteriores e causas explicativas da conclusão. O método da demonstração segue o modelo de rigor da geometria, ciência que possui na base de suas teorias os chamados axiomas, isto é, verdades evidentes que não precisam ser demonstradas e que são a base de toda demonstração. Por esse motivo, as características das premissas de um argumento demonstrativo envolvem altíssimo grau de exigência: não podem ser falsas, pois devem exprimir as coisas tais como elas efetivamente são; não podem carecer de nenhum tipo de explicação teórica, pois seu entendimento deve ser imediato; devem ser mais conhecidas, mais claramente inteligíveis do que as demais proposições; devem anteceder a tudo na ordem lógica das razões; e as verdades que expressam devem ser causas da verdade estabelecida na conclusão. Como conhecer cientificamente é, para Aristóteles, conhecer chegando às causas do que se conhece, a demonstração deve ser a forma apropriada para exprimir esse tipo de conhecimento.

Os argumentos dialéticos são próprios da Dialética, a arte da argumentação ligada, em sua origem, ao verbo "dialogar" (*dialégesthai*). Sua utilização remete a situações concretas de diálogo entre, no mínimo, dois interlocutores, que discutem acerca de um problema, em relação ao qual defendem teses opostas. Somente temas que geram discussões, envolvem polêmicas ou contrariedade de opiniões se convertem em problemas a serem tratados pela dialética. Nos *Tópicos*, as frases "se o prazer deve ou não ser escolhido" e "se o universo é ou não eterno" expressam problemas dialéticos. Note que o problema se formula a partir de uma proposição afirmativa e sua negação, e isso significa que na própria formulação do problema se esgotam as possibilidades de sua solução. O jogo dialético começa com a formulação do problema, ao qual, por exemplo, um interlocutor A responde com uma tese que pretende sustentar. Opondo-se à tese apresentada, um interlocutor B buscará contestá-la. Fará, então, uma série de perguntas com o objetivo de que as respostas tragam à tona certas premissas com as quais concordam. Dessas premissas, o interlocutor B tentará extrair uma conclusão por meio da qual se possa mostrar o interlocutor A em contradição consigo mesmo. A finalidade da disputa dialética é levar o oponente a contradizer-se, pois, sendo a contradição sinal de falsidade, diante dela, este terá de abandonar a sua tese. O que caracteriza de maneira essencial a argumentação dialética são as proposições utilizadas como premissas: elas são qualificadas, por Aristóteles, de "opiniões geralmente aceitas" (*éndoxa*); trata-se de opiniões "que todo mundo admite, ou a maioria das pessoas, ou os filósofos – em outras palavras: todos, ou a maioria, ou os mais notáveis e eminentes". Os debatedores não podem deixar de respeitá-las e de concedê-las, pois consistem em pontos de referência partilhados que estão na base da discussão. Admitidas por todos, pela maioria ou por sábios autorizados, as "opiniões geralmente aceitas" são como balizas do bom senso cuja negação só pode conduzir a embaraços, quando não ao ridículo. A força das "opiniões geralmente aceitas" reside em sua respeitabilidade por parte dos interlocutores e de todo o público. Verdades não reconhecidas de nada valeriam na argumentação dialética.

Como a Retórica é a arte da persuasão, seus argumentos específicos possuem duas características em comum com os dialéticos: a) baseiam-se em proposições geralmente aceitas (*éndoxa*); b) envolvem a capacidade de argumentar sobre lados opostos de uma mesma questão. Diante de um tribunal, é possível argumentar persuasivamente tanto pela condenação quanto pela absolvição do réu; e numa assembleia democrática, tanto pelo aumento como pelo não aumento dos impostos. Mas, diferentemente da prática dialética, que pode ocorrer em ambientes privados, e que se aplica ao exame de teses pelo ataque e defesa de argumentos num diálogo, a Retórica é uma modalidade discursiva voltada para a solução de questões de interesse público e social, em que os oradores, por meio de discursos longos e contínuos, buscam persuadir um auditório ou juízes em favor de crenças e valores que fundamentam decisões acerca de ações concretas na vida da cidade. No entender de Aristóteles, os autores dos tratados de Retórica que o antecederam descuidaram do aspecto propriamente argumentativo da retórica, tendo se preocupado mais com os efeitos emocionais do auditório. Em reação a isso, sua descrição da arte retórica fará do argumento retórico – que ele chama de "entimema", do verbo *enthymesthai*, que significa "considerar" – o meio mais importante de persuasão. Embora admita que o caráter (*éthos*) do orador e a emoção (*páthos*) dos ouvintes possam também ser meios legítimos de persuasão, é o discurso (*lógos*) que tem maior importância no contexto retórico. Persuadir pelos argumentos é mais eficaz na medida em que, segundo diz Aristóteles, somos mais facilmente convencidos quando acreditamos que algo nos é demonstrado. Assim, todo meio de persuasão é "uma espécie de demonstração", e o entimema é "uma espécie de silogismo". A fim de levar o auditório a aceitar uma proposição conclusiva, o orador deve selecionar uma ou mais proposições que já são amplamente aceitas e mostrar que a conclusão é derivada delas. A vantagem de que as premissas sejam "opiniões geralmente aceitas" está em que o auditório será persuadido tão logo entenda que a conclusão foi demonstrada com base em expressões de suas próprias opiniões. Não se deve, porém, deixar de lado o fato de que Aristóteles reconhece meios não argumentativos na retórica, o que constitui mais uma das diferenças entre a argumentação retórica e a dialética.

2. A linguagem e a arte de pensar na Modernidade: a lógica de Port-Royal

Doze anos após a morte de René Descartes (1596--1650), os pensadores e teólogos Antoine Arnauld (1612--1694) e Pierre Nicole (1625-1695) escreveram, na sede da abadia francesa de Port-Royal, um livro cujas concepções serviram de paradigma para sistemas filosóficos modernos: *La logique ou l'art de penser* (*A lógica ou a arte de pensar*), publicado pela primeira vez em 1662 e mais conhecido como a *Lógica de Port-Royal*.

A obra combina diferentes fontes teóricas, e alarga o campo de consideração das questões da lógica, de modo que aos ensinamentos básicos de Aristóteles vêm mesclar-se heranças filosóficas de Santo Agostinho (354--430), Descartes e Blaise Pascal (1623-1662). As mudanças que o livro provoca em relação aos conceitos e conteúdos da lógica favorecem a consolidação teórica de uma concepção da linguagem cujo traço essencial é: a linguagem se vincula à realidade por obra do pensamento. O paradigma de Port-Royal estabelece definitivamente o pensamento como intermediário necessário das relações entre linguagem e realidade. Isso significa que falar da linguagem implica falar das operações e produtos do pensamento, sendo esta a única via pela qual os sinais linguísticos ganham significação. O pensamento é, portanto, o que dá vida à linguagem; e somente como expressão do pensamento pode a linguagem funcionar como representação das coisas.

Sobre essa base, as palavras são correlacionadas às ideias, as proposições aos juízos, e os argumentos aos raciocínios. E como ideias, juízos e raciocínios estão ligados a diferentes ações do espírito e a distintos graus de elaboração do pensamento, a lógica pode, então, ser definida como "arte de pensar", e todo o seu conteúdo ser legitimamente exibido nas "reflexões" sobre as quatro principais operações do espírito, que são "*conceber, julgar, raciocinar e ordenar*".

A fim de descrever o "conceber" – primeira operação do espírito, que nos interessa de perto – os autores se valem da noção cartesiana de "ideia" como uma representação "em nós" (em nossa mente ou espírito) das coisas que estão "fora de nós" (no mundo exterior). "Conceber" uma coisa é ter a ideia da coisa no espírito. Assim, concebemos o sol pela ideia de sol, a árvore pela ideia de árvore etc. O conceber é a primeira operação do espírito, e as ideias são as primeiras formas de representação.

Assim como o conceber vem antes e é pressuposto pelo julgar, as ideias são anteriores e pressupostas pelos juízos. Isso quer dizer que somente após conceber as coisas pelas ideias, o espírito pode formular juízos sobre elas. A ação de julgar combina duas ações: além de simplesmente relacionar ideias entre si, o espírito acrescenta o afirmar ou o negar a relação efetuada. Ou seja, o ato de julgar implica não somente pôr em relação certas ideias (por exemplo, as ideias de "Terra" e de "redondo"), mas necessita, além disso, afirmar ou negar essa relação: afirmar, dizendo "a Terra é redonda", ou negar, dizendo "a Terra não é redonda". Os juízos são operações do espírito que afirmam ou negam vinculações de ideias.

Por fim, assim como as ideias são pressupostas pelos juízos, os juízos são pressupostos pelos raciocínios, pois assim como das relações entre as ideias são formados os juízos, das relações entre os juízos são formados os raciocínios.

As ideias estão na base de todas as operações da linguagem, de modo que só exprimimos algo se tivermos "em nós a ideia da coisa que significamos por meio de nossas palavras" – e essa ideia pode ser clara e distinta ou obscura e confusa. Ou seja: entender a palavra implica conceber, pela ideia que lhe foi associada, o que ela significa: entendo a palavra "árvore" pela ideia que tenho de árvore. As palavras significam coisas por meio das ideias. Assim, pode-se dizer que, na *Lógica de Port-Royal*, as articulações da linguagem dependem totalmente das articulações do pensamento.

Sob essa ótica, se não existissem pensamentos a serem expressos, não seria necessária a linguagem. Por outro lado, sem a linguagem, seria impossível exteriorizar os pensamentos. Somente quando acompanhados de "sinais exteriores", os pensamentos podem ser comunicados e o entendimento humano, pela linguagem, ser estabelecido. Segundo os autores, o hábito de ligar as palavras às ideias é tão forte que, mesmo quando pensamos sozinhos, as coisas se apresentam ao nosso espírito com as mesmas palavras que utilizamos para nos referir a elas quando falamos com os outros. Concluem que "na lógica, é necessário considerar as ideias junto com as palavras, e as palavras junto com as ideias".

A explicação das palavras como sinais de ideias se faz no interior de uma teoria geral dos sinais que combina, de maneira inédita, a noção cartesiana de ideia com a doutrina agostiniana dos sinais, além de algumas distinções provenientes da retórica antiga. Para ter uma noção dessa teoria, nada melhor do que atentar para a definição de sinal, dada por Agostinho: "sinal é aquilo que, para além da impressão que produz nos sentidos, faz vir ao pensamento algo diferente de si" (Santo Agostinho, *A doutrina cristã* II, 1, tradução de Juvenal Savian Filho – veja trecho completo nos textos selecionados adiante). Conforme ensina Agostinho, a efetividade de um sinal está no movimento da atenção, que se desloca da percepção sensível do sinal para aquilo que é sinalizado. Esse deslocamento de atenção é uma operação do pensamento. É assim que, ao ver fumaça, pensamos em fogo, e, ao observar uma pegada, nos vem a ideia de um animal. Quando nos afeta os sentidos, o sinal faz vir ao espírito algo distinto dele mesmo: todo sinal é sinal *de* alguma coisa;

diante de um sinal, o pensamento necessariamente transita e se transporta para um sinalizado.

Os lógicos de Port-Royal definem as palavras como "sinais de instituição dos pensamentos", isto é, sinais convencionais. Seu uso depende dos acordos e convenções que ligam certos sons e caracteres a determinadas ideias que estão no espírito. A simples ligação dos sons às ideias pode ser arbitrária; as ideias, porém, não são arbitrárias, ao menos – como frisam os cartesianos – aquelas claras e distintas, que formam juízos sólidos e efetivos acerca da natureza das coisas. A linguagem que expressa o pensamento correto não pode depender de convenções frouxas, sustentadas apenas pelas fantasias humanas. Desse modo, a arbitrariedade das palavras não só pode como deve ser limitada pela certeza das ideias que, em si mesmas, não são arbitrárias.

Muitos equívocos e confusões surgem pelo fato de haver diferentes ideias associadas às mesmas palavras. O "remédio" para a confusão, segundo os autores, está em estabelecermos as significações por atos voluntários de definição, pelos quais ligamos as palavras às ideias que queremos que representem. Arnauld e Nicole discriminam três espécies de definições: a definição do nome (*definitio nominis*), a definição da coisa (*definitio rei*), e uma outra, que abrange ideias principais e acessórias ligadas às palavras.

A mais arbitrária delas é a definição do nome, que pode ser efetuada quando se pretende modificar o significado de uma palavra já utilizada para indicar uma ideia determinada. É o que ocorre, por exemplo, com a palavra "alma": toma-se essa palavra como se fosse um mero som, sem nenhuma significação, retirando dela qualquer ideia anteriormente vinculada. Considerando-se apenas os sons, pode-se, então, designar, por meio de palavras simples e inequívocas, a ideia com a qual se quer, doravante, aplicá-los. Desse modo, a fim de provar que a nossa alma é imortal, deve-se definir a palavra "alma" como nome de "princípio do pensamento", dizendo: "denomino alma aquilo que em nós é o princípio do pensamento". Pode-se, portanto, instituir um uso particular das palavras, desde que os outros sejam prevenidos disso e desde que as palavras sejam doravante usadas apenas com essa nova significação. A arbitrariedade desse tipo de definição se assenta, de um lado, na concepção de que os sons são indiferentes às ideias, sendo possível a qualquer som vincular-se a qualquer ideia; e, de outro, na visão de que a vontade humana é livre para instituir o significado de qualquer som pela ideia que lhe aprouver, independentemente de como os outros já a concebem, *contanto que* os outros sejam advertidos disso.

A definição da coisa, por outro lado, já não pode ser tão arbitrária, pois ela envolve proposições sobre a natureza ou essência das coisas e deve expressar-se num discurso em que a "ideia ordinária" ligada à palavra precisa ser mantida. Por exemplo, nas definições "o homem é um animal racional" e "o tempo é a medida do movimento", os termos "homem" e "tempo" devem permanecer com suas ideias ordinárias, pois é justamente a essas ideias ordinárias que se pretende acrescentar outras ideias, como a de "animal racional" ou de "medida do movimento". Como as coisas têm naturezas específicas, características e atributos determinados, não cabe atribuir a elas ideias que não lhes convêm, a menos que se cometam erros. Ora, precisamente por envolver proposições acerca da natureza das coisas e um discurso que pode ser verificado como verdadeiro ou falso, as definições de coisas podem ser contestadas e corrigidas.

O terceiro tipo de definição apresentado pelos lógicos de Port-Royal diz respeito às explicações do que as palavras significam segundo o seu uso ordinário numa língua. Diferentemente da definição do nome, que admite a arbitrariedade de um "uso particular", e da definição que visa à natureza das coisas, essa terceira definição se liga à "verdade do uso", isto é, ao significado estabelecido conforme as ideias que comumente já se encontram ligadas aos sons das palavras. Segundo os autores, é preciso distinguir entre a "ideia principal" – ou "significação própria" da palavra – e as "ideias acessórias", suscitadas pelo tom da voz, pela fisionomia, pelos gestos ou outros sinais naturais daqueles que falam. As ideias acessórias diversificam, modificam, alteram a significação das palavras e o contexto subjetivo de sua recepção. Sob esse aspecto, convém admitir que, além dos movimentos corporais e da mímica, ideias acessórias sempre acompanham o uso de certas palavras. Por exemplo, quando se diz a alguém "Você mentiu", além da significação própria, que seria algo como "Você sabe o contrário do que diz", as palavras da primeira frase carregam ideias acessórias de desprezo, ofensa etc., sendo isso o que as torna injuriosas, ofensivas etc. Quando, por exemplo, o pronome demonstrativo "isto" é usado para mostrar um diamante, em vez de pura e simplesmente conceber o diamante como coisa presente, o espírito vinculará ao "isto" as ideias acessórias de corpo duro, brilhante etc., assim como acrescentaria as de liquidez, gosto e cor se o "isto" se aplicasse ao vinho. As ideias acessórias são acréscimos que o espírito fornece à "significação precisa" das palavras e fazem parte, portanto, das conexões mentais dos significados em seu uso comum.

3. A linguagem na Contemporaneidade: da figuração aos jogos de linguagem em Wittgenstein

Ludwig Wittgenstein (1889-1951) é um pensador cuja obra, exclusivamente dedicada à linguagem, costuma ser dividida em dois períodos distintos: o "primeiro Wittgenstein" se encontra no *Tractatus Logico-Philosophicus*, de 1921, e o "segundo" nos outros escritos posteriores, especialmente no livro *Investigações filosóficas*, publicado postumamente em 1953, em cujo prefácio o autor diz querer publicar seus "novos" pensamentos, por sua oposição ao seu "velho modo de pensar".

O que Wittgenstein considera seu "velho modo de pensar" inclui, basicamente, o seguinte: i) a concepção de que a linguagem tem função exclusiva de representar o mundo; ii) a visão de que a linguagem e o mundo se correlacionam pela estrutura lógica essencial que têm em comum; iii) a crença de que as condições e os limites do sentido na linguagem podem ser estabelecidos de uma só vez, por uma única forma lógica geral da proposição. Esses traços gerais se consolidam, no *Tractatus*, pela teoria da figuração (*Bild*, em alemão), isto é, na concepção de que a proposição é uma figuração lógica da realidade. O conceito de figuração vem responder à exigência fundamental de que a linguagem precisa ter a mesma estrutura, isto é, a mesma multiplicidade lógica da realidade, a fim de que possa representá-la. Assim, a figuração é um modelo da realidade, e nela devem poder ser distintos tantos elementos quantos aqueles que existem na situação figurada. A figuração possui, então, a mesma forma lógica da realidade que afigura. Os seus elementos devem corresponder aos objetos da situação afigurada, e a sua estrutura – a forma pela qual seus elementos se encontram vinculados – deve representar a estrutura da situação afigurada.

No *Tractatus*, há um rigoroso contraste entre nome e proposição: somente as proposições têm sentido (*Sinn*); somente os nomes têm significado (*Bedeutung*). As proposições que têm sentido figuram casos, fatos, estados de coisas possíveis, e o significado dos nomes consiste em coisas, objetos, que eles designam. De acordo com Wittgenstein, "um nome toma o lugar de uma coisa; um outro, o de uma outra coisa, e estão ligados entre si, e assim o todo representa – como um quadro vivo – o estado de coisas" (*Tractatus Logico-Philosophicus*, 4.0311, trad. Luiz Henrique Lopes dos Santos). Os nomes são sinais simples que representam objetos simples. Um importante pressuposto do *Tractatus* é que os objetos simples constituem a substância do mundo. A substância do mundo é o que subsiste independentemente do que acontece ou deixa de acontecer. O fixo, o subsistente e o objeto são um só; ao passo que a configuração é o variável e o instável.

Mas os nomes só são encontrados nas proposições elementares, que não são compostas por outras proposições, e se constituem como concatenações imediatas de nomes. As proposições elementares representam diretamente a realidade, estão na base de toda a linguagem, e todas as demais proposições da linguagem resultam de operações lógicas (tais como negação, conjunção, disjunção e implicação) aplicadas às proposições elementares. Wittgenstein salienta que o caráter figurativo das proposições não é aparente, e se mostra somente pela análise lógica. E o fim da análise de qualquer proposição complexa deve chegar às proposições elementares de que é composta. A proposição possui sentido e este deve ser completamente determinado; e na concordância ou discordância do sentido com a realidade consiste a verdade ou a falsidade da proposição. O sentido da proposição consiste na projeção de uma situação possível, e deve conter claramente a possibilidade do que é projetado. A proposição é bipolar, isto é, pode ser verdadeira ou falsa: será verdadeira se no mundo ocorrer o que ela descreve; será falsa se no mundo não ocorrer o que ela descreve. Entender o sentido de uma proposição equivale a entender o que no mundo deve acontecer para que ela seja verdadeira. "Na proposição", diz o autor do *Tractatus*, "uma situação é como que montada para teste" (*Tractatus* 4.031).

Depreende-se do *Tractatus* a visão de que a linguagem só pode representar o mundo como faticidade absolutamente contingente. No mundo tudo é acidental; tanto as proposições como suas negações são logicamente possíveis. Os fatos do mundo não se explicam por nenhum tipo de necessidade, tudo o que acontece poderia ser de outra maneira; e que o mundo seja *como* ele é, e que as proposições verdadeiras que o descrevem sejam tais e tais, é mero acidente, puro acaso. O mundo é independente da nossa vontade; e, se acontecesse tudo o que desejássemos, isso seria apenas uma graça do destino, pois "não há nenhum vínculo *lógico* entre vontade e mundo". No mundo não há nenhum valor, pois tudo é como é, e acontece como acontece, e o valor não pode ser nem depender de algo acidental. As proposições que descrevem os fatos estão todas num mesmo plano e só podem descrever contingências factuais, não podendo exprimir "nada de mais alto"; por isso, não pode haver proposições éticas: a ética não se deixa exprimir. Wittgenstein não nega, com isso, a existência do valor ético, mas apenas a possibilidade de que o discurso limitado a exprimir fatos do mundo possa dar conta dele. O sentido do mundo está fora dele, a vontade portadora do que é ético pertence ao sujeito metafísico; este, porém, "não pertence ao mundo, mas é um limite do mundo", sendo tão indizível quanto a ética.

Todo o campo do dizível, isto é, daquilo que pode ser dito com sentido, limita-se, no *Tractatus*, às proposições que descrevem fatos contingentes. Utilizando o aparato conceitual característico da lógica contemporânea e procurando soluções para problemas que, em suas obras, Gottlob Frege (1848-1925) e Bertrand Russell (1872-1970) levantaram acerca da lógica da proposição, o primeiro Wittgenstein entende que *toda* a linguagem se limita à perspectiva da descrição dos fatos. Em consonância com os avanços da lógica simbólica, o *Tractatus* consiste no esforço de atualizar a perspectiva sob a qual, desde o *De Interpretatione* de Aristóteles, a linguagem é concebida como um discurso apofântico (*lógos apophantikós*), isto é, como um discurso ao qual cabe o verdadeiro ou o falso, por sua pretensão de descrever o real. Por razões intrínsecas à concepção de que somente proposições factuais contingentes têm sentido, outras espécies de proposições, que nos parecem, usualmente, ter sentido (como as proposições éticas, por exemplo), ficam de fora do campo do dizível no *Tractatus*, e são consideradas contrassensos pelo primeiro Wittgenstein.

Em 1945, no prefácio às *Investigações filosóficas*, o autor reconhece "os graves erros" de seu primeiro livro, mas considera-o um pano de fundo necessário contra o qual deseja que sejam entendidos os seus novos pensamentos. A primeira coisa que faz o segundo

Wittgenstein é deixar claro seu afastamento de certa "imagem da essência da linguagem humana" segundo a qual "as palavras da linguagem denominam objetos" e as "proposições são ligações de tais denominações" (*Investigações filosóficas*, § 1, trad. José Carlos Bruni). Buscando uma nova maneira de formular o problema da linguagem, o autor das *Investigações* questiona a centralidade da proposição apofântica, cujo sentido está em representar a realidade, e recusa a supremacia da concepção que define o significado das palavras pela designação de objetos. O segundo Wittgenstein não acredita ser possível reduzir a linguagem a uma única função; todo o seu esforço consiste em mostrar que "a" linguagem se constitui de múltiplos e variados "jogos de linguagem" que vão se constituindo como múltiplas e variadas "formas de vida". Nessa medida, defende uma concepção pragmática da linguagem e investiga as razões antropológicas (e não ontológicas) de suas estruturas. A linguagem é um instrumento a serviço de funções comunicativas que visam à produção da vida, e seu funcionamento depende de habilidades, capacidades e disposições que são adquiridas e consolidadas pelos hábitos e costumes. Por esse motivo, as condições de ensino e de aprendizado das palavras representam um papel importante na explicação do que se "quer dizer" (*meinen*) com elas.

Wittgenstein diz que, com a expressão "jogos de linguagem", ele quer significar "o todo: a linguagem e as atividades às quais está entrelaçada" (*Investigações*, § 7). Os jogos de linguagem são práticas que se desenvolvem segundo regras, sendo possível circunscrevê-los em contextos mais ou menos específicos. Wittgenstein caracteriza os jogos de linguagem como processos (*Vorgänge*) de usos das palavras, sinais ou gestos que dependem de convenções e padrões de comportamentos regulados. O conjunto das regras que regulam um jogo de linguagem constitui a sua "gramática". Diferentes jogos possuem diferentes gramáticas; e diferentes gramáticas consistem em diferentes padrões de correção dos usos das expressões.

O segundo Wittgenstein instaura uma concepção linguística e normativa da racionalidade, cuja investigação coincide com as descrições dos jogos de linguagem, e das gramáticas que se misturam e se sobrepõem de maneira complexa e dinâmica. Nessas descrições, é preciso levar em conta semelhanças e dessemelhanças dos contextos e a diversidade imensa de práticas que se interpõem e formam as estruturas normativas que regulam a práxis linguística. Muitas são as finalidades da linguagem, e seu funcionamento envolve ações, habilidades, competências e domínio de técnicas de complexidade variada. Uma pequena amostra disso pode ser encontrada logo no início das *Investigações*, em que Wittgenstein descreve dois jogos de linguagem, mencionados a seguir.

Com o célebre jogo de linguagem nº 2, Wittgenstein exemplifica um modo primitivo de como a linguagem funciona. Trata-se de uma linguagem que serve ao entendimento de um construtor com um ajudante. O construtor executa uma construção com pedras: há cubos, colunas, lajotas e vigas. O jogo de linguagem consiste em que o ajudante passe as pedras ao construtor, na ordem em que este necessita, e para isso se serve de uma linguagem constituída apenas das palavras "cubo", "coluna", "lajota", "viga": o construtor grita as palavras e o ajudante "traz as pedras que aprendeu a trazer" ao ouvir os chamados. Trata-se de um jogo de linguagem composto apenas de comandos e de ações que obedecem a esses comandos, e no qual entender a palavra significa simplesmente "agir" de acordo com a regra estipulada para seu uso. No caso específico desse jogo – que Wittgenstein salienta como uma "linguagem totalmente primitiva" –, tanto o aprendizado do uso quanto a descrição do uso das palavras coincidem com o modelo que liga cada palavra a um objeto.

O jogo de linguagem que se encontra no § 1 consiste no seguinte: alguém é mandado às compras com um pedaço de papel no qual está escrito "cinco maçãs vermelhas"; essa pessoa leva o papel a um comerciante que retira de um caixote, sobre o qual se encontra o rótulo "maçãs", as cinco maçãs vermelhas. Assim como o jogo de linguagem desempenhado pelo construtor e seu ajudante, este também envolve o uso intersubjetivo da linguagem, por meio de regras (comandos silenciosos) que são seguidas no cumprimento da sua finalidade. Mas a descrição do funcionamento das palavras nesse jogo deve referir-se a habilidades linguísticas de natureza bem mais complexa do que a simples relação entre palavras e pedras: estão em jogo habilidades de escrita, de leitura, de reconhecimento de cores, de operações com numerais, além de uma estrutura de comportamentos regulados de extensão muito mais ampla.

De acordo com Wittgenstein, na descrição do jogo de linguagem do § 1, nada precisa ser dito quanto ao "significado" (*Bedeutung*) de "cinco" e de "vermelho". Ele se recusa, terminantemente, a dizer que o comerciante entendeu a palavra "vermelho" porque tinha uma ideia ou modelo da cor vermelha em sua mente. Padrões, modelos, tabelas etc. são aparatos instrumentais concretos utilizados no processo de aquisição dos nomes de cores. Pela descrição que faz das ações do comerciante, fica claro que Wittgenstein quer apresentar uma visão alternativa às explicações que se valem de um aparato mental para esclarecer os usos dos sinais. Por esse motivo, ele se esforça para mostrar, em vários momentos no livro, que a descrição do uso das expressões que designam números e cores – e também sensações, desejos, sentimentos e vivências psíquicas em geral – deve deixar de lado aquele conceito referencial de significado e se voltar para os processos de ensino e de aprendizado das palavras. O desafio da tarefa descritiva é encontrar sempre critérios externos à interioridade da mente.

A adoção do paradigma pragmático implica o abandono da ontologia tanto quanto da psicologia dos significados. Para quem vê a racionalidade humana funcionar na base da manipulação dos instrumentais concretos da linguagem, supor que o comerciante tenha uma ideia de cinco ou de vermelho em sua mente é tão inútil quanto incorreto para descrever as condições do seu entendimento. Incorreto, porque ele foi ensinado a utilizar a palavra "vermelho", vinculando-a a exemplos concretos de coisas que tinham a cor que todos chamavam e chamam de "vermelho". O vínculo gramatical é entre a palavra e a cor, não importando a imagem mental. Mas apelar para os significados mentais é também inútil, porque o modo de produção social do trabalho da linguagem que permite às cinco maçãs vermelhas chegar às mãos de quem mandou comprá-las perder-se-ia, isto é, não poderia ser descrito, se o âmbito fosse o que ocorre na mente dos envolvidos.

As palavras são como ferramentas com diferentes funções (o que não impede de haver semelhanças aqui e ali), e a "uniformidade na aparência" não deve implicar uma uniformidade de funções. Quando se observa a cabina do maquinista de uma locomotiva, diz Wittgenstein, vemos alavancas de mão que nos "parecem mais ou menos iguais" – o que é compreensível, já que todas devem ser manobradas com a mão –, porém cada uma cumpre uma função diferente e atua de maneira distinta conforme manipulada. Considerando que há múltiplos empregos daquilo que chamamos de sinais, palavras, e frases, o segundo Wittgenstein sublinha que há *inúmeras* espécies de frases, além de afirmações, perguntas ou ordens; e essa variedade tampouco é fixa ou dada para sempre. Novas espécies de linguagem, novos jogos de linguagem nascem enquanto outros envelhecem ou são esquecidos: os jogos de linguagem são uma parte de uma atividade ou de uma forma de vida. No § 23 das *Investigações*, Wittgenstein apresenta vários exemplos de jogos de linguagem: comandar e agir segundo comandos; descrever um objeto conforme a aparência ou conforme medidas; produzir um objeto segundo uma descrição (desenho); relatar um acontecimento; conjecturar sobre o acontecimento; expor uma hipótese e prová-la; apresentar os resultados de um experimento por meio de tabelas e diagramas; ler; representar teatro; cantar uma cantiga de roda; resolver enigmas; fazer uma anedota; contar; resolver um exemplo de cálculo aplicado; traduzir de uma língua para outra; pedir; agradecer; maldizer; saudar; orar etc. E, no § 27, encontram-se exemplos de que o que se pode "fazer" com as nossas frases vai muito além do que "falar de coisas". Ninguém pensaria em "denominações de objetos" diante das funções práticas implicadas em exclamações tais como: "Água!"; "Fora!", "Socorro!"; "Bonito!", "Não!". Todos esses usos da linguagem estão ligados às expectativas de que certas ações sejam realizadas.

Investigar o entendimento humano pela linguagem só pode ser uma proposta filosófica original, em relação às filosofias modernas da representação, se for alterado, de maneira radical, o "para onde" se olha quando se fala em "entendimento". Se entender a linguagem significa seguir as regras de um jogo, o entendimento deixa de ser concebido como uma faculdade mental de representar ideias, conceitos, pensamentos etc. e passa a ser vinculado a disposições adquiridas e a modos de comportar-se conforme padrões que estruturam expectativas numa normatividade espacial e temporalmente instituída. Para o segundo Wittgenstein, a investigação acerca do entendimento humano deve olhar para os comportamentos regulados, que podem ser observados e cujas gramáticas possam ser descritas. As descrições gramaticais, no entanto, devem ser feitas em contextos práticos da vida, pois as relações sociais que produzem os sentidos dos jogos de linguagem são relações sociais que produzem (e reproduzem) formas de vida.

Longe da busca por uma unidade formal, que caracterizou o ideal do *Tractatus*, o segundo Wittgenstein acredita que a linguagem apresenta uma "família de estruturas mais ou menos aparentadas entre si" (*Investigações*, § 108). Ao filósofo cabe produzir uma "representação perspícua" da nossa gramática, isto é, uma representação clara e compreensiva que lhe permita "ver as conexões", de modo que ele possa encontrar ou mesmo "inventar" as articulações intermediárias entre os jogos de linguagem. Do ponto de vista do segundo Wittgenstein, a lógica da linguagem deve ser abrangente e ampliar-se a ponto de nela caber não somente os acordos sobre as regras que seguimos, mas os acordos sobre as suas aplicações, que são "acordos sobre a forma de vida". Por esse motivo, na linguagem, estamos de acordo. Ou não.

4. Conclusão

O que justifica o percurso aqui realizado? Por qual razão as concepções de Platão, de Aristóteles, de Arnauld e Nicole e de Wittgenstein foram escolhidas, se existem tantas tendências e abordagens sobre a linguagem, inclusive mais contemporâneas a nós?

A razão consiste no privilégio que este livro concede à "história dos problemas", um ponto de vista que, como ensina Walter Benjamin (1892-1940), pode captar os conceitos em suas transformações. Assim, foram escolhidas reflexões filosóficas que *até hoje* exercem influências decisivas nas formulações dos problemas e nas concepções acerca da linguagem.

Em Platão, as primeiras investigações aprofundadas acerca dos nomes mostram que a admissão do convencionalismo no seu funcionamento tem como contrapartida a destituição de seu poder de conhecer a natureza das coisas nomeadas. Em Aristóteles, talvez o maior filósofo da linguagem de todos os tempos, a consolidação da concepção clássica da linguagem como representação correta ou incorreta do ser faz-se acompanhar de uma abertura para consideração teórica de racionalidades discursivas diferenciadas, das quais se podem extrair múltiplas articulações. A *Lógica de Port-Royal*, cujos ensinamentos foram reconhecidos e utilizados por filósofos de Locke a Hegel, é responsável pela concessão de primazia ao pensamento como intermediário mental necessário para se pensar as relações entre a linguagem e as coisas, fornecendo valioso paradigma para as concepções modernas acerca da linguagem. Por fim, Wittgenstein marcou o século XX com suas obras sobre a linguagem: dos quadros conceituais de sua primeira obra saíram teses do positivismo lógico de Viena; dos últimos escritos, os ensinamentos que fomentaram as filosofias linguísticas do grupo de Oxford.

Caro leitor, haveria muito mais a dizer sobre o que foi dito. Mas aqui estão algumas linhas fundamentais para conhecer a história da maneira como os filósofos trataram da linguagem. Com base nelas, você poderá alargar com segurança seu pensamento sobre o tema.

Assim, este pequeno livro é um convite, mas também mais do que um convite; terá cumprido seu objetivo se contribuir para dar à linguagem sua devida importância.

OUVINDO OS TEXTOS

Texto 1. Platão (428/7-348/7 a.C.), *Natureza ou convenção na linguagem?*

Hermógenes: Então queres que compartilhemos a nossa discussão com Sócrates?
Crátilo: Se te parece bom.
Hermógenes: Crátilo aqui presente, Sócrates, afirma que existe uma correção do nome concebida por natureza para cada um dos seres, e que um nome não é isso que alguns, tendo convencionado chamar, chamam, ao pronunciar uma parte de sua voz; mas que existe uma correção natural dos nomes, a mesma para todos, tanto aos gregos quanto aos bárbaros.
[...]
Hermógenes: De fato, Sócrates, eu mesmo estive discutindo muitas vezes com ele e com muitos outros, não me deixando persuadir que a correção de um nome seja outra coisa senão convenção e acordo. Pois parece-me que se um nome qualquer é atribuído a algo, este é o correto; e, em seguida, se for mudado por outro, e não chamar mais aquele, o último não é menos correto do

que o primeiro; assim como nós mudamos os nomes de nossos escravos, em nada o que foi mudado é menos correto que o colocado primeiro; pois nenhum nome foi concebido por natureza para coisa alguma, mas por costume e por uso dos que o empregam e estabelecem o seu uso.

[...]

Sócrates: Creio que, se desejássemos mostrar o alto e o leve, levantaríamos a mão em direção ao céu, imitando a natureza mesma da coisa; se o baixo e o pesado, em direção à terra. E se desejássemos mostrar um cavalo correndo ou qualquer outro animal, sabes que faríamos com os nossos corpos os gestos tão semelhantes àqueles deles.

Hermógenes: É necessário ser assim como dizes.

Sócrates: Haveria assim, como é provável, uma indicação de algo com o corpo, imitando aquilo que se desejava mostrar.

Hermógenes: Sim.

Sócrates: E quando desejarmos mostrar, com a voz, a língua e a boca, não haverá para nós, neste momento, uma indicação de cada um, surgida a partir deles, quando tem lugar uma imitação através delas sobre qualquer coisa?

Hermógenes: Creio que é necessário.

Sócrates: Então, como é provável, o nome é uma imitação pela voz daquilo que se imita, e aquele que imita nomeia com a voz quando imita.

PLATÃO. *Crátilo*, 383a-b; 384c-d; 423a-b. Trad. Luciano Ferreira de Souza. São Paulo: Biblioteca digital USP-FFLCH, 2010. Disponível em: http://www.teses.usp.br/teses/ disponiveis/8/8143/tde-14062011-133520/en.php

Texto 2. Aristóteles (384-322 a.C.), *Afirmação, negação e contradição*

Afirmação é a declaração de algo a respeito de algo; ao passo que negação é a declaração de algo à parte de algo. E uma vez que é possível declarar que não é o caso aquilo que é o caso, assim como declarar que é o caso aquilo que não é o caso, bem como declarar que é o caso aquilo que é o caso e que não é o caso aquilo que não é o caso (e do mesmo modo também no que concerne aos tempos distintos do agora), é cabível negar tudo aquilo que se afirma, assim como afirmar tudo aquilo que se nega. Por conseguinte, é evidente que, para toda afirmação, há uma negação oposta, e que para toda negação há uma afirmação oposta. E seja contradição isto: a afirmação e negação opostas. E afirmo que é oposta a declaração concernente ao mesmo item segundo o mesmo aspecto, e não de maneira homônima, e com todas as demais regras desse tipo que acrescentamos contra as perturbações sofísticas.

ARISTÓTELES. *De Interpretatione*, cap. 6, 17a25. Trad. Lucas Angioni. In: ANGIONI, L. *Textos didáticos: ontologia e predicação em Aristóteles*. Campinas: IFCH/Unicamp, 2000.

Texto 3. Aristóteles (384-322 a.C.), *Raciocínios demonstrativos e dialéticos*

Nosso tratado se propõe encontrar um método de investigação graças ao qual possamos raciocinar, partindo de opiniões geralmente aceitas, sobre qualquer problema que nos seja proposto, e sejamos também capazes, quando replicamos a um argumento, de evitar dizer alguma coisa que nos cause embaraços. Em primeiro lugar, pois, devemos explicar o que é o raciocínio e quais são as suas variedades. [...] Ora, o raciocínio é um argumento em que, estabelecidas certas coisas, outras coisas diferentes se deduzem necessariamente das primeiras. O raciocínio é uma "demonstração" quando as premissas das quais parte são verdadeiras e primeiras, ou quando o conhecimento que delas temos provém originariamente de premissas primeiras e verdadeiras: e, por outro lado, o raciocínio é "dialético" quando parte de opiniões geralmente aceitas. São "verdadeiras" e "primeiras" aquelas coisas nas quais acreditamos em virtude de nenhuma outra coisa que não seja elas próprias; pois, no tocante aos primeiros princípios da ciência, é descabido buscar mais além o porquê e as razões dos mesmos; cada um dos primeiros princípios deve impor a convicção da sua verdade em si mesmo e por si mesmo. São, por outro lado, opiniões "geralmente aceitas" aquelas que todo mundo admite, ou a maioria das pessoas, ou os filósofos – em outras palavras: todos, ou a maioria, ou os mais notáveis e eminentes.

ARISTÓTELES. *Tópicos*, I, 1, 100a18-100b18. Trad. Leonel Vallandro e Gerd Bornheim, São Paulo: Abril Cultural, 1980. Coleção "Os Pensadores".

Texto 4. Aristóteles (384-322 a.C.), *Retórica e persuasão*

A Retórica é a outra face da Dialética; pois ambas se ocupam de questões mais ou menos ligadas ao conhecimento comum e não correspondem a nenhuma ciência particular. De fato, todas as pessoas de alguma maneira participam de uma e de outra, pois todas elas tentam em certa medida questionar e sustentar um argumento, defender-se ou acusar. [...] Ora, sendo evidente que o método artístico é o que se refere às provas por persuasão e que a prova por persuasão é uma espécie de demonstração (pois somos persuadidos sobretudo quando entendemos que algo está demonstrado), a demonstração retórica é o entimema e este é, geralmente falando, a mais decisiva de todas as provas por persuasão. [...] Entendamos por Retórica a capacidade de descobrir o que é adequado a cada caso com o fim de persuadir. Esta não é seguramente a função de nenhuma outra arte.

ARISTÓTELES. *Retórica*, I, 1-2, 1354a; 1355a; 1355b. Trad. Manuel Alexandre Júnior, Paulo Farmhouse Alberto e Abel do Nascimento Pena. Lisboa: Centro de Filosofia da Universidade de Lisboa/Imprensa Nacional Casa da Moeda, 2006.

Texto 5. Agostinho de Hipona (354-430), *Sinais naturais e convencionais*

3.1. Sinal é aquilo que, para além da impressão que produz nos sentidos, faz vir algo diferente de si ao pensamento. [...] Entre os sinais, alguns são naturais; outros, convencionais. Naturais são aqueles que, sem envolver vontade nem nenhum desejo de significar, dão a conhecer algo diferente deles mesmos, como é o caso da fumaça, que significa o fogo.

AGOSTINHO DE HIPONA. *A doutrina cristã*, livro II, cap. 1.
Trad. Juvenal Savian Filho, com base na edição latina:
AVGVSTINVS. *De doctrina christiana* & *De uera religione*.
Ed. K. D. Daur e J. Martin. Turnhoult: Brépols, 1996.
Col. "Corpus Christianorum", vol. 32.

Texto 6. Antoine Arnauld (1612-1694) e Pierre Nicole (1625-1695), *A lógica e as quatro operações do espírito*

A lógica é a arte de bem conduzir a razão no conhecimento das coisas, tanto para se instruir a si mesmo quanto para instruir os outros. Essa arte consiste em reflexões que os homens têm feito sobre as quatro principais operações de seu espírito: *conceber, julgar, raciocinar* e *ordenar*. Denomina-se *conceber* a simples visão que temos das coisas que se apresentam ao nosso espírito, como quando nos representamos um sol, uma terra, uma árvore, um círculo, um quadrado, o pensamento, o ser, sem formar expressamente nenhum juízo sobre isso. E a forma pela qual nos representamos essas coisas se denomina *ideia*. Denomina-se *julgar* a ação de nosso espírito pela qual, ligando diversas ideias, afirma de uma que é a outra, ou nega de uma que seja a outra, como quando, tendo a ideia de Terra e de redondo, afirmo da Terra que ela é redonda, ou nego que ela seja redonda.

ARNAULD, A. e NICOLE, P. *La logique ou l'art de penser*. Paris: PUF, 1965, p. 37. Trecho traduzido por Sílvia Faustino de Assis Saes.

Texto 7. Antoine Arnauld (1612-1694) e Pierre Nicole (1625-1695), *A conexão necessária entre ideia e palavra*

Se as reflexões que fazemos sobre nossos pensamentos dissessem respeito somente a nós próprios, bastaria considerá-las em si mesmas, sem revesti-las de qualquer palavra ou quaisquer outros sinais; mas em virtude de não podermos fazer entender nossos pensamentos uns aos outros senão por acompanhá-los de sinais exteriores, e até por ser esse costume tão forte, que mesmo quando pensamos a sós, as coisas somente se apresentam ao nosso espírito com as palavras que costumamos revesti-las falando aos outros, na lógica é necessário considerar as ideias junto com as palavras e as palavras junto com as ideias.

ARNAULD, A. e NICOLE, P. *La logique ou l'art de penser*. Paris: PUF, 1965, p. 38. Trecho traduzido por Sílvia Faustino de Assis Saes.

Texto 8. Antoine Arnauld (1612-1694) e Pierre Nicole (1625-1695), *A duplicidade do sinal*

Quando se considera um objeto em si mesmo e em seu próprio ser, sem levar a visão do espírito ao que ele pode representar, a ideia que aí temos é uma ideia de coisa, como a ideia da Terra ou do Sol. Mas, quando se vê um objeto somente como representando um outro, a ideia que aí se tem é uma ideia de sinal, e esse primeiro objeto se denomina sinal. É assim que se veem ordinariamente os mapas e os quadros. Assim, o sinal encerra duas ideias, uma da coisa que representa, a outra da coisa representada; e sua natureza consiste em suscitar a segunda pela primeira.

ARNAULD, A. e NICOLE, P. *La logique ou l'art de penser*. Paris: PUF, 1965, pp. 52-3. Trecho traduzido por Sílvia Faustino de Assis Saes.

Texto 9. Ludwig Wittgenstein (1889-1951), *Essência da proposição e essência do mundo*

[Note que Wittgenstein escreveu o *Tractatus* em aforismos. Cada número inicial e entre parênteses indica um aforismo]

(*T* 1) O mundo é tudo o que é o caso.

(*T* 2) O que é o caso, o fato, é a existência de estados de coisas.

(*T* 2.01) O estado de coisas é uma ligação de objetos (coisas).

(*T* 2.12) A figuração é um modelo da realidade.

(*T* 2.221) O que a figuração representa é seu sentido.

(*T* 2.222) Na concordância ou discordância de seu sentido com a realidade consiste sua verdade ou falsidade.

(*T* 504711) Especificar a essência da proposição significa especificar a essência de toda descrição e, portanto, a essência do mundo.

(*T* 6.421) É claro que a ética não se deixa exprimir. A ética é transcendental. (Ética e estética são uma só.)

(*T* 7) Sobre aquilo de que não se pode falar, deve-se calar.

WITTGENSTEIN, L. *Tractatus Logico-Philosophicus* T1-T7. Trad. Luiz Henrique Lopes dos Santos. São Paulo: Edusp, 1994.

Texto 10. Ludwig Wittgenstein (1889-1951), *Jogos de linguagem e formas de vida*

Quantas espécies de frases existem? Afirmação, pergunta e comando, talvez? – Há inúmeras de tais espécies: inúmeras espécies diferentes de empregos daquilo que chamamos de "signo", "palavras", "frases". E esta pluralidade não é nada fixa, um dado para sempre; mas novos tipos de linguagem, novos jogos de linguagem, como poderíamos dizer, nascem e outros envelhecem e são esquecidos. (Uma imagem aproximada disto poderia nos dar as modificações da matemática.) O termo "jogo de linguagem" deve aqui salientar que o falar da linguagem é uma parte de uma atividade ou de uma forma de vida. [...] Assim, pois, você diz que o acordo entre os homens decide o que é correto e o que é falso? – Correto e falso é o que os homens *dizem*, e na *linguagem* os homens estão de acordo. Não é um acordo sobre as opiniões, mas sobre a forma de vida. [...] Como as palavras *se referem* a sensações? Nisto não parece haver nenhum problema; pois não falamos diariamente de sensações e as denominamos? Mas como é estabelecida a ligação entre o nome e o denominado? A questão é a mesma que: como um homem aprende o significado dos nomes de sensações? Por exemplo, da palavra "dor". Esta é uma possibilidade: palavras são ligadas à expressão originária e natural da sensação, e colocadas no lugar dela. Uma criança se machucou e grita; então, os adultos falam com ela e lhe ensinam exclamações e, posteriormente, frases. Ensinam à criança um novo comportamento perante a dor.

WITTGENSTEIN, L. *Investigações filosóficas*, §§ 23, 241 e 244. Trad. José Carlos Bruni. São Paulo: Abril Cultural, 1980. Col. "Os Pensadores".

EXERCITANDO A REFLEXÃO

1. Algumas questões para auxiliá-lo a compreender melhor o tema da linguagem:

1.1. Apresente a tensão entre naturalismo e convencionalismo na concepção da linguagem no diálogo *Crátilo*, de Platão.

1.2. Platão, no diálogo *Crátilo*, toma posição rígida entre naturalismo e convencionalismo linguístico?

1.3. Qual a contribuição do diálogo *Sofista*, de Platão, com relação ao *Crátilo* no que diz respeito a verdade ou falsidade da linguagem?

1.4. Como Aristóteles redefine a reflexão platônica sobre a verdade ou falsidade da linguagem na obra *Peri hermeneías*?

1.5. O que é um silogismo e qual sua estrutura segundo Aristóteles?

1.6. Contraponha o discurso demonstrativo, o discurso dialético e o discurso retórico, segundo as análises de Aristóteles.

1.7. Com base na ideia de representação, explique a correlação estabelecida entre conceber, julgar, raciocinar e ordenar pela *Lógica de Port-Royal*.

1.8. Como os lógicos de Port-Royal servem-se da definição agostiniana de sinal?

1.9. Seria possível falar de arbitrariedade das ideias segundo os lógicos de Port-Royal?

1.10. Que confusão pode surgir, segundo os lógicos de Port-Royal, na relação entre ideias e palavras? Qual o remédio proposto?

1.11. Apresente a diferença entre o "primeiro" e o "segundo" Wittgenstein, centrando-se na análise da concepção que define o significado das palavras pela designação de objetos.

1.12. Como, segundo Wittgenstein, pode ser explicado o significado das palavras sem recorrer a uma "designação de objetos"?

1.13. Qual a novidade filosófica da concepção wittgensteiniana da linguagem com relação às filosofias da representação?

2. Praticando-se na análise de textos:

2.1. No texto 1, qual a importância do exemplo da mudança dos nomes dos escravos e do exemplo do gesto de levantar a mão para o céu quando se quer falar do alto e o leve?

2.2. Identifique no texto 2 os elementos mínimos que compõem a linguagem e explicite o modo como eles se relacionam para produzir um discurso com sentido.

2.3. Distinga, seguindo o texto 3, raciocínio científico e raciocínio dialético.

2.4. Conforme o texto 4, por que a Retórica é o reverso da Dialética?

2.5. Compare os textos 2, 3 e 4 e extraia a concepção de Ciência subjacente a eles. Dessa perspectiva, por que a Retórica e a Dialética não são consideradas ciências, mas artes?

2.6. Segundo o texto 5, na elaboração dos sinais não opera apenas a inteligência, mas outra capacidade humana. Qual é ela? Como compreendê-la segundo os termos do texto?

2.7. Descreva as quatro principais operações do espírito tal como apresentadas no texto 6.

2.8. Encontre no texto 7 a justificativa para afirmar que na lógica é necessário considerar as ideias junto com as palavras e as palavras junto com as ideias.

2.9. No texto 8, para que serve a menção de mapas e quadros?

2.10. De acordo com o texto 9, defina "mundo", "caso", "estado de coisas", "figuração", "verdade", "falsidade", "descrição" e utilize essas definições para explicar que essência da proposição é a essência do mundo.

2.11. Mostre qual a importância da pergunta inicial "Quantas espécies de frases existem?" para a construção do texto 10.

2.12. Compare os textos 9 e 10 e identifique a diferença entre ambos quanto à explicação da natureza da linguagem.

3. Alguns exercícios para auxiliá-lo a ampliar sua compreensão do que foi apresentado neste livro:

3.1. Pesquise a história dos sofistas ou do movimento sofístico e explique por que Aristóteles fala de "perturbações sofísticas". Além disso, analise o sentido da imagem negativa dos sofistas pintada por Platão e Aristóteles.

3.2. Pesquise o funcionamento das cidades-Estado gregas e identifique elementos que permitam explicar a base histórica de Aristóteles para retratar os tipos de raciocínios ou de modos de argumentar.

3.3. Pesquise o significado da palavra *téchne* (τέχνη), empregada por Aristóteles e traduzida geralmente por "arte" e "técnica". Procure entender por que ela pode ser traduzida dessas duas maneiras. Para melhorar sua compreensão, estude o nascimento da ideia de "belas-artes", na Idade Moderna, e distinga o uso antigo e o uso moderno do termo "arte".

3.4. Costuma-se afirmar que, no mundo contemporâneo, há concepções de linguagem que não recorrem à ideia de referencial. O "segundo" Wittgenstein dedicou-se, em seus últimos escritos, à crítica ao modelo referencial do significado. Pesquise o que significa falar de referencial na concepção da linguagem e sirva-se de seu trabalho de pesquisa para melhor entender o tipo de limitação que o "segundo" Wittgenstein impõe às concepções referencialistas.

3.5. É conhecida a admiração que Wittgenstein dizia ter por Santo Agostinho. Pesquise em que ela consistia e diga se há uma relação de continuidade ou de ruptura do pensador austríaco com o pensador cristão.

DICAS DE VIAGEM

1. Sugerimos que você assista aos seguintes filmes, tendo em mente o que foi apresentado neste livro:
   1.1. *O enigma de Kaspar Hauser* (*Jeder für Sich und Gott Gegen Alle*), direção de Werner Herzog, Alemanha, 1974.
   1.2. *Como era gostoso o meu francês*, direção de Nelson Pereira dos Santos, Brasil, 1971.
   1.3. *O carteiro e o poeta* (*Il postino*), direção de Michael Radford, Itália, 1995.
   1.4. *O grito* (*Il grido*), direção de Michelangelo Antonioni, Itália, 1957.
   1.5. *O silêncio* (*Tystnaden*), direção de Ingmar Bergman, Suécia, 1963.

2. Na literatura, seja em prosa, seja em poesia, muitas obras foram dedicadas ao tema da linguagem. Sugerimos especialmente a leitura de:

2.1. CARROLL, Lewis. *Alice no país das maravilhas*. Trad. Sebastião Uchoa Leite. São Paulo: Summus, 1980.

2.2. GUIMARÃES ROSA. "Meu tio Iauaretê". In: *Estas estórias*. Rio de janeiro: Nova Fronteira, 2001.

2.3. SARAMAGO, José. *Ensaio sobre a cegueira*. São Paulo: Companhia das Letras, 1995.

2.4. DRUMMOND DE ANDRADE, Carlos. "A palavra mágica". In: *Discurso de primavera e outras sombras*. Rio de Janeiro: Record, 2006.

2.5. DRUMMOND DE ANDRADE, Carlos. "Certas palavras". In: *Boitempo I e II*. Rio de Janeiro: Record, 1986.

2.6. DRUMMOND DE ANDRADE, Carlos. "A palavra". In: *A paixão medida*. Rio de Janeiro: Alumbramento, 1980.

2.7. DRUMMOND DE ANDRADE, Carlos. "A língua lambe". In: *O amor natural*. Rio de Janeiro: Record, 1992.

2.8. BARROS, Manoel de. "Retrato quase apagado em que se pode ver perfeitamente nada". In: *O guardador de águas*. Rio de Janeiro: Record, 1998.

3. Ouça a música *The Language is a Virus* [A linguagem é um vírus], de Laurie Anderson (CD *Home of the Brave*, Europa: Warner Bros. Records, 1986). Você encontra a letra original e o vídeo da canção em http://letras.mus.br/laurie-anderson/288297

4. Programe uma visita ao Museu da Língua Portuguesa, em São Paulo (Estação da Luz). Pela internet você também pode fazer uma visita virtual, tomando contato com um rico material em textos e imagens: http://www.museulinguaportuguesa.org.br

LEITURAS RECOMENDADAS

1. Obras centrais na construção do itinerário reflexivo proposto neste livro:

ARISTÓTELES. *De Interpretatione*. In: ANGIONI, Lucas (seleção, tradução e comentários). *Textos didáticos: ontologia e predicação em Aristóteles*. Campinas: IFCH/Unicamp, nº 41, fev. 2000.
Clássico tratado em que se elabora a concepção aristotélica do discurso apofântico, isto é, discurso ao qual cabem o verdadeiro e o falso, pela pretensão de representar, correta ou incorretamente, o real. Abordagem sistemática do conceito de proposição declarativa ou assertiva, elaborado à luz do vínculo entre linguagem e ontologia.

———. *Retórica*. Trad. e notas Manuel Alexandre Jr., Paulo F. Alberto e Abel N. Pena. Lisboa: Centro de Filosofia da Universidade de Lisboa/Imprensa Nacional Casa da Moeda, 2006.

Obra que sistematiza a arte da persuasão, sendo considerada, pelo próprio Aristóteles, exemplo do que ele chamou de discurso não apofântico, isto é, discurso cuja finalidade consiste não em representar ou descrever correta ou falsamente o real, mas em persuadir por meio do que se mostra como verossímil.

ARNAULD, A. e NICOLE, P. *La logique, ou l'art de penser contenant, outre les règles communes, plusiers observations nouvelles, propres à former le jugement.* Edição crítica de Pierre Clair e François Girbal. Paris: PUF, 1965. *Obra fundadora do pensamento moderno sobre a lógica e a linguagem. Identifica as quatro operações fundamentais do espírito. Infelizmente ainda não há tradução em língua portuguesa. Aos leitores iniciantes recomenda-se não confundir com a Gramática de Port--Royal, traduzida em português por Bruno Bassetto e Henrique Murachco (São Paulo: Martins, 2001).*

PLATÃO. *Crátilo.* In: SOUZA, Luciano Ferreira. *Platão. Crátilo. Estudo e tradução.* Biblioteca digital da USP (http://www.teses.usp.br/teses/disponiveis/8/8143/tde-14062011-133520/en.php).

Diálogo que discute o que pode ser apresentado como justificativa para a correção dos nomes. São expostos os fundamentos e os limites de duas posições teóricas antagônicas acerca do significado das palavras: o naturalismo e o convencionalismo.

PLATÃO. *Sofista*. Trad. Jorge Paleikat e João Cruz Costa. São Paulo: Abril Cultural, 1974. Col. "Os Pensadores".
Obra madura de Platão, estratégica para conhecer sua filosofia das formas, sua concepção de linguagem, sua explicação para o sentido de se dizer o não-ser etc.

SANTO AGOSTINHO. *A doutrina cristã*. Trad. Nair de Assis Oliveira. São Paulo: Paulus, 2002.
Obra em que Agostinho apresenta os fundamentos de sua concepção de exegese e hermenêutica. Nela aparece sua definição clássica de sinal.

———. *De Magistro (Do Mestre)*. Trad. Angelo Ricci. São Paulo: Abril Cultural, 1980. Coleção "Os Pensadores".
Tendo como personagens Agostinho e seu filho, Adeodato, o diálogo trata da natureza e da finalidade da linguagem, a partir de uma abordagem que privilegia a dimensão do ensino e aprendizado dos significados dos sinais linguísticos. Foi parâmetro relevante para a Lógica de Port-Royal e está na origem de um paradigma geral da linguagem que foi investigado pelo segundo Wittgenstein.

WITTGENSTEIN, L. *Investigações filosóficas*. Trad. José Carlos Bruni. São Paulo: Abril Cultural, 1980. Coleção "Os Pensadores".

Livro que condensa os pensamentos do "segundo" Wittgenstein, que concebe a linguagem por meio de seus usos em contextos práticos e produtivos da vida. Trata-se de obra inacabada, que põe a práxis do uso da linguagem na base da racionalidade humana, inaugurando conceitos tais como os de "jogos de linguagem", "formas de vida", "seguir regra", "semelhanças de família", "ver-como", "visão perspícua" etc.

WITTGENSTEIN, L. *Tractatus Logico-Philosophicus*. Trad. Luiz Henrique Lopes dos Santos. São Paulo: Edusp, 2001.

Obra do "primeiro" Wittgenstein, representativa de seu intento primeiro de investigar uma linguagem ideal da representação. Considerado pelo autor expressão de sua "velha maneira de pensar", o livro é fundamental para compreender as mudanças no "segundo" Wittgenstein.

2. Outras obras que podem contribuir para ampliar seu estudo da linguagem:

BAKHTIN, M. M. *Marxismo e filosofia da linguagem*. Trad. M. Lahud e Y. Frateschi Vieira. São Paulo: Hucitec, 1992.
A produção de Mikhail Bakhtin é referência obrigatória para os estudiosos da linguagem. Nesse livro, o autor

aborda a formação do sentido e da identidade de uma perspectiva marxista.

BENJAMIN, W. *Sobre a linguagem em geral e sobre a linguagem humana.* Trad. Maria Luiz Moita. Lisboa: Relógio D'Água, 1992.

Texto extremamente instigante em que Walter Benjamin critica a concepção instrumental ou "burguesa" da linguagem.

CASSIRER, E. *Linguagem e mito.* Trad. B. Schaiderman e Jacó Guinsburg. São Paulo: Perspectiva, 2006.

Ernest Cassirer é um dos autores mais influentes do pensamento contemporâneo. Nessa obra, analisa a pesquisa moderna sobre as conexões entre linguagem e mito. Embora se trate de uma obra já bem datada, sua atualidade decorre do rico material etnológico, do rigor científico do processo de indagação e do recurso à ideia de formas simbólicas no plano do mito e da linguagem.

CHOMSKY, N. *Sobre natureza e linguagem.* Trad. Marylene Pinto Michael. São Paulo: Martins Fontes, 2006.

Noam Chomsky é um dos principais estudiosos da linguagem. Nessa obra, estuda a relação entre linguagem, mente e cérebro, bem como a profunda vinculação entre linguagem e vivência social.

COSTA, C. *Filosofia da linguagem.* Rio de Janeiro: Zahar, 2002.

Introdução à filosofia da linguagem, com especial destaque para as contribuições de Frege, Russel, Wittgenstein, Austin e Habermas.

KERFERD, G. B. *O movimento sofista*. Trad. Margarida Oliva. São Paulo: Loyola, 2004.

Estudo do movimento sofista com base em suas razões internas e no esclarecimento da imagem negativa a ele associada por Platão e Aristóteles. Permite um conhecimento mais próximo da concepção sofista de filosofia e linguagem.

KRISTEVA, J. *História da linguagem*. Trad. Margarida Barahona. Lisboa: Edições 70, 2007.

Apresentação da história da linguagem e estudo do sentido da constituição de uma ciência linguística.

MARCONDES, D. *Textos básicos de linguagem – de Platão a Foucault*. Rio de Janeiro: Zahar, 2010.

Coletânea de 35 textos filosóficos sobre a linguagem. Obra de grande valor didático, não apenas pelo rigor na seleção de textos estratégicos para o estudo da história filosófica da linguagem, mas sobretudo pelo cuidado na tradução desses textos.

MARQUES, E. *Wittgenstein & O Tractatus*. Rio de Janeiro: Zahar, 2005.

Introdução às principais ideias desenvolvidas por Ludwig Wittgenstein em seu Tractatus Logico-Philosophicus. *Explicita a gênese conceitual da concepção tractariana da linguagem. Além disso, o autor mostra de que maneira ela se relaciona com os temas lógicos e éticos também abordados por Wittgenstein.*

MORENO, Arley. *Wittgenstein: os labirintos da linguagem. Ensaio introdutório.* São Paulo: Moderna, 2006.

Ensaio introdutório que analisa as mudanças de concepção de Wittgenstein em duas obras, o Tractatus Logico-Philosophicus *e as* Investigações filosóficas, *mas também pretende acentuar o processo de aprofundamento das mesmas questões que sempre o mobilizaram.*

NUNES, B. *O drama da linguagem – uma leitura de Clarice Lispector.* São Paulo: Ática, 1995.

Pelo estudo da obra de Clarice Lispector, o pensador brasileiro Benedito Nunes articula com maestria filosofia e literatura, implodindo as fronteiras rígidas entre ambas.

SAVIAN FILHO, J. *Argumentação: a ferramenta do filosofar.* São Paulo: WMF Martins Fontes, 2010. Coleção "Filosofias: o prazer do pensar".

Apresentação didática da natureza e sentido dos modos clássicos de argumentação, com ênfase no estudo da estrutura inteligível dos pensamentos pela articulação entre pontos de partida (pressupostos) e de chegada (conclusões). Também inicia na análise de textos.

TODOROV, T. e DUCROT, O. *Dicionário enciclopédico das ciências da linguagem*. Trad. Alice Myiashiro. São Paulo: Perspectiva, 2010.

Obra de grande valor didático não apenas como instrumento para as diferentes abordagens da linguagem (filosofia da linguagem, psicanálise, semiótica etc.), mas também como forma de conhecer o pensamento do autor.

WOLFF, F. *Dizer o mundo*. Trad. Alberto Alonso Munõz. São Paulo: Discurso, 1999.

Instigante obra do professor francês Francis Wolff, o livro compara a filosofia contemporânea à música contemporânea: como esta se afastou da tonalidade, aquela se afastou, em grande parte, da metafísica. Isso significa que investigar a linguagem hoje requer a atenção para não cair em esquemas universalistas. Como as questões simples (às vezes ingênuas e não acadêmicas) são as mais sérias, o autor se dedica a refletir sobre o fato de que, para dizer o mundo, é preciso saber como dizê-lo.